Anton C. Huber

Programme de réussite pour un introverti

Comment réussir en affaire et dans le travail

© 2015, Anton C. Huber

Edition : BoD - Books on Demand

12/14 rond-point des Champs Elysées

75008 Paris

Imprimé par BoD – Books on Demand, Norderstedt

ISBN : 978-2-3220-4055-1

Dépôt légal : 09/2015

Introduction

En achetant ce livre, vous accepter entièrement cette clause de non-responsabilité.

Aucun conseil

Le livre contient des informations. Les informations ne sont pas des conseils et ne devraient pas être traités comme tels.

Si vous pensez que vous souffrez de n'importe quel problème médicaux vous devriez demander un avis médical. Vous ne devriez jamais tarder à demander un avis médical, ne pas tenir compte d'avis médicaux, ou arrêter un traitement médical à cause des informations de ce livre.

Pas de représentations ou de garanties

Dans la mesure maximale permise par la loi applicable et sous réserve de l'article ci-dessous, nous avons enlevé toutes représentations, entreprises et garanties en relation avec ce livre.

Sans préjudice de la généralité du paragraphe précédent, nous ne nous engageons pas et nous ne garantissons pas :

- Que l'information du livre est correcte, précise, complète ou non-trompeuse ;

- Que l'utilisation des conseils du livre mènera à un résultat quelconque.

Limitations et exclusions de responsabilité

Les limitations et exclusions de responsabilité exposés dans cette section et autre part dans cette clause de non-responsabilité : sont soumis à l'article 6 ci-dessous ; et de gouverner tous les passifs découlant de cette clause ou en relation avec le livre, notamment des responsabilités découlant du contrat, en responsabilités civiles (y compris la négligence) et en cas de violation d'une obligation légale.

Nous ne serons pas responsables envers vous de toute perte découlant d'un événement ou d'événements hors de notre contrôle raisonnable.

Nous ne serons pas responsable envers vous de toutes pertes d'argent, y compris, sans limitation de perte ou de dommages de profits, de revenus, d'utilisation, de production, d'économies prévues, d'affaires, de contrats, d'opportunités commerciales ou de bonne volonté.

Nous ne serons responsables d'aucune perte ou de corruption de données, de base de données ou de logiciel.

Nous ne serons responsables d'aucune perte spéciale, indirecte ou conséquente ou de dommages.

Exceptions

Rien dans cette clause de non-responsabilité doit : limiter ou exclure notre responsabilité pour la mort ou des blessures résultant de la négligence ; limiter ou exclure notre responsabilité pour fraude ou représentations frauduleuses ; limiter l'un de nos passifs d'une façon qui ne soit pas autorisée par la loi applicable ; ou d'exclure l'un de nos passifs, qui ne peuvent être exclus en vertu du droit applicable.

Dissociabilité

Si une section de cette cause de non-responsabilité est déclarée comme étant illégal ou inacceptable par un tribunal ou autre autorité compétente, les autres sections de cette clause demeureront en vigueur.

Si tout contenu illégal et / ou inapplicable serait licite ou exécutoire si une partie d'entre elles seraient supprimées, cette partie sera réputée à être supprimée et le reste de la section restera en vigueur.

LA CULTURE DES AFFAIRES ET INTROVERTIS 9

LES AFFAIRES POUR LES INTROVERTIS 17

EST-CE QUE LES INTROVERTIS PEUVENT RÉUSSIR EN AFFAIRES ? 22

COMMENT ÊTRE INTROVERTI ET RÉUSSIR EN ENTREPRISE 26

COMMENT RÉUSSIR DANS LES AFFAIRES SI VOUS ÊTES UN INTROVERTI 31

LA CULTURE DES AFFAIRES ET INTROVERTIS

La culture des affaires est orientée vers le fonceur, le joueur de l'équipe, le réseauter, l'entrepreneur et le leader. Il est question de pouvoir, prendre de l'avance, la concurrence acharnée, les offres et le levier. Il est, n'est-ce pas ? Sur la surface, cela ressemble à une recette automatique pour le succès de l'extraverti et du désastre pour l'introverti. Mais comme vous allez bientôt le lire, les introvertis peuvent exceller dans cette culture, en rendant leurs attributs uniques.

Depuis le début du 20e siècle, la montée des sociétés extraversion a été favorisée par rapport à l'introversion comme un moyen de faire des affaires.

Pensez à la plupart des offres d'emploi et les curriculum vitae et les mots à la mode que vous entendez à la fois du demandeur d'emploi et de points de vue de l'employeur : « travailler avec les autres; dynamique; entraîné; joueur en équipe; montre initiative; leader fort; contribue idées; sortant et prestance; axée sur les ventes... »

Alors que ce sont des traits admirables, ce sont des traits extravertis et ils ne sont pas les seuls traits qui sont importants dans les affaires.

Le revers de la médaille est tout aussi important — une éthique et des traits qui conduisent finalement à des résultats mesurables : « conscience ; suit à travers ; indépendant autoentrepreneur ; motivé ; persistant ; se concentrer sur la relation client ; digne de confiance ; curieux ; autonome, autodirigé, résolution de problèmes innovants, penseurs indépendants... »

Les gens introvertis ont été perçus sous un jour très négatif dans la culture d'entreprise principalement en raison d'une fausse association d'introversion avec timidité. Même les définitions du dictionnaire dépeignent les introvertis comme quelque chose de socialement inapte ou défectueux. L'introversion est perçue comme un trouble de la personnalité : « Marqué par intérêt ou souci de soi-même ou ses propres pensées, par opposition à d'autres personnes ou l'environnement ; timide ou réservé » Les définitions comme celles-ci sont écrites du point de vue de l'extraverti, qui voit les tendances de l'introverti comme négatives. Cela revient à dire que les introvertis sont des parias égocentriques qui ne se soucient pas des autres, ne possèdent pas de compétences des personnes et ne peuvent éventuellement réussir à rien, sauf peut-être la vannerie (ce qui est le cas, ils peuvent commercialiser leurs paniers). Ceci est un biais très unilatéral, mais très répandu. Et que dire de l'introverti qui pense à voler en solo et embrasser l'esprit d'entreprise ? Les entrepreneurs en particulier sont considérés comme des gens hautement extravertis. Les entrepreneurs atteignent rarement le succès par eux-mêmes et la pensée commune dit que ce doit être parce que les entrepreneurs les plus prospères comprennent la puissance du réseautage et s'entourent avec des gens qui peuvent les aider. « S'entourer de gens » fait grincer des dents l'introverti et pourtant, il y a de nombreux entrepreneurs introvertis qui ont parfaitement réussi.

Vous avez entendu parler de Bill Gates et Warren Buffet ? Ce sont des introvertis, des introvertis qui ont eu énormément de succès et qui ne sont pas seuls : Steve Wozniak (cofondateur d'Apple, en partenariat avec le Steve Jobs très extraverti) et Larry Page (cofondateur de Google) sont des introvertis. Les autres introvertis notables incluent l'ancienne Première Dame et le champion des droits des femmes Eleanor Roosevelt ; la militante des droits civiques Rosa Parks; la femme la plus riche du monde, auteur de Harry Potter JK Rowling; et Albert Einstein.

Qu'en est-il de l'introverti sur le chemin du haut de l'échelle de l'entreprise ? L'ironie est, comme tous les PDG le savent, « Il est seul au sommet. » Et qui peut mieux prospérer à ce sommet solitaire de réalisation qu'un introverti ? Selon certaines estimations, 70 % des chefs d'entreprise se décrivent comme introvertis. Comment est-ce possible, quand les PDG sont également tenus de communiquer avec les gens sur une (parfois 24/7) quotidiennement, parler en public, assister à des fonctions et des réunions — l'hôte de nombreuses réunions et de jouer le rôle d'un grégaire, axé sur les gens — chef de file... et papoter à gagner des clients et influencer les gens ?

Vous avez probablement entendu l'expression « Ca n'est pas ce que vous savez, mais qui vous connaissez » comme un secret de la réussite : vous mettre là-bas, être vu, supprimer des conversations, vous promouvoir vous-même sans vergogne et faire croître votre liste de contacts jusqu'à ce que vous avez un degré, et non pas six, de la séparation entre vous et le reste de l'humanité.

Si vous êtes introvertis, vous vous sentez probablement une forte envie de vous cacher. Ca n'a rien à voir avec comment vous roulez et vous ne définissez pas le succès par la taille de votre carnet d'adresses. Cependant, ce grégaire, modèle d'affaires arrogant est forcé dans la gorge. « Aller là-bas, rencontrer des gens, le réseau... » Est-il étonnant que les introvertis puissent se sentir hésitation lorsqu'ils envisagent de devenir propriétaires d'entreprises ? Est-il étonnant que la montée jusqu'à l'échelle de carrière puisse être intimidante pour un introverti ?

Comme le sexisme, il y a une forte tendance pour une valorisation de l'extraversion dans la culture de l'entreprise. La culture de l'entreprise est toujours sexiste et défend les idéaux sexistes : les hommes sont mieux payés et plus valorisés que les femmes et pourtant, malgré les progrès que les femmes ont faits, ce parti pris est si profondément ancré qu'il persiste. Même les femmes perpétuent la partialité. Il en est de même avec l'introversion.

Si une personne grandit et croit que l'introversion est un trait de personnalité négatif ou pire, un trouble psychologique, cela aura une incidence sur sa réussite.

Il est grand temps que ces préjugés soient démystifiés ! L'approche de la vieille école de la valorisation des extravertis et du rejet des introvertis est défectueuse au mieux. Pour profiter au maximum de votre entreprise, ou prospérer dans votre carrière, vous aurez envie de comprendre et d'utiliser les attributs de deux styles de relations au monde. Cela vaut aussi bien pour vous et pour les gens avec qui vous travaillez.

Ce qui pourrait le plus vous surprendre est que les introvertis ne sont pas une infime minorité. Il y a beaucoup plus d'introvertis dans la population générale que ce qui est évident; en fait, la plupart des gens ne sont ni complètement introvertis, ni complètement extravertis. Donc, pour la plupart d'entre nous, il est possible de prendre sur les traits qui correspondent le mieux répondre à nos besoins pour le moment — par exemple, les introvertis peuvent apprendre à faire la conversation et gérer des situations sociales; et les extravertis peuvent apprendre à apprécier la solitude à un point.

Vous pouvez faire un vrai plongeon dans le monde des affaires si vous êtes un introverti. Non, non, cela ne signifie pas que vous allez nécessairement être sous les projecteurs, cela signifie simplement que vous avez les mêmes chances de réussite que tout extraverti. Il est tout au sujet d'apprendre à valoriser et à développer vos traits de personnalité et les attributs et les utiliser à votre meilleur avantage.

LES AFFAIRES POUR LES INTROVERTIS

Beaucoup de futurs entrepreneurs ne parviennent pas à se lancer en affaires pour eux-mêmes pour une raison simple : ils sont introvertis, et ils sont convaincus que vous ne pouvez pas être à la fois un introverti et un entrepreneur. Mais comme étant un introverti avec des aspirations entrepreneuriales, je suis ici pour vous dire que ça n'est pas vrai.

Voici les choses que les introvertis devraient tenir compte quand ils se sentent l'envie entrepreneuriale.

Être un introverti ne signifie pas que vous êtes incapable socialement. Comme je le disais, je suis un introverti. Je suis un acteur, un haut-parleur et un vendeur dans ma vie, et j'ose dire que je suis allé de succès dans chacun de ces efforts. Mais de peur que vous supposiez que je suis juste un cas unique, je vous assure que beaucoup des acteurs, enseignants, vendeurs, et d'autres les plus réussis qui gagnent leur vie en parlant à d'autres personnes ont été introvertis. Comment ont-ils fait ? Je suppose que la réponse est différente pour chacun... mais un thème commun pourrait être que les introvertis entrepreneuriaux sont plus en amour avec leur Grande Idée et leur entreprise qu'ils ne le sont avec leur désir de l'« I-time ». Ils ne se rendent compte que tôt ou tard que pour avoir du succès dans votre vie, vous avez à interagir avec les autres; que les introvertis, ils peuvent trouver des moyens de faire beaucoup de leurs communications soit en tête-à-tête ou en écriture, mais ils n'ont pas peur des interactions avec les autres. Vous savez que cela est vrai. Presque tous les introvertis qui sont capables de travailler pour vivre dans toutes les tâches devront prendre la parole lors d'une réunion au moins occasionnellement. Donc vous permettre d'être un véritable introverti – les autres entrepreneurs prospères l'ont fait —, mais ne pas insister sur une vie de solitude complète si vous voulez faire que votre affaire fonctionne.

Un entrepreneur introverti doit frapper sur lui-même sans faire cavalier seul. De nos jours, il y a beaucoup de grandes entreprises Internet à domicile, vous pouvez y entrer, et l'introverti est susceptible d'être trompé en sélectionnant une opportunité qui semble tout à fait solitaire. Le problème est que vous avez à apprendre le métier d'entreprise sur Internet, et si vous n'interagissez pas avec quoi que ce soit, sauf ce rectangle lumineux en face de vous, vous ne l'aurez pas. La meilleure façon d'aller vers ce sujet est la suivante : trouvez une bonne communauté d'entrepreneurs où vous avez des collègues commis à votre succès (je peux vous en recommander un), trouvez un entraîneur au sein de votre communauté avec laquelle vous pouvez facilement interagir (nous introvertis préférons grandement des interactions d'un à un à des discussions de groupe), et assurez-vous que la communauté offre une formation haut de gamme à des ventes en ligne. Si vous êtes à la recherche d'aide pour démarrer, je serais heureux de devenir votre coach… passez-moi un coup de fil, ou (mieux encore) envoyez moi un email !

Si vous n'êtes pas un excellent écrivain, travaillez dur pour améliorer vos compétences. Avouons-le, si vous ne voulez pas toucher à vos clients et collègues en personne ou par téléphone, avec quoi d'autre pouvez-vous communiquer ? Vous ne devez pas être un gagnant au Pulitzer ou un auteur de best-seller, mais vous devez apprendre à faire passer votre message rapidement et proprement par écrit. Je suis assez chanceux d'avoir eu une bonne formation de journalisme en tant que jeune courageux… mais il y a beaucoup de bons cours d'écriture en ligne, et en prendre un ne serait pas la chose la plus stupide que vous avez jamais faite. Encore une fois, si vous avez besoin de conseils, trouvez un bon guide avec qui vous pouvez échanger.

Espérons que ces idées pourraient vous fournir un peu d'inspiration… et l'inspiration vous conduire vers plus d'introversion. Je vous laisse avec une pensée plus édifiante : j'ai récemment pris un sondage informel de certaines des personnes les plus réussies dans ma propre communauté entrepreneuriale, et j'ai appris que, en moyenne, ils gagnent environ les deux tiers de leurs bénéfices de manière passive, à travers de grands investissements et d'autres stratégies de renforcement de la richesse… et seulement un tiers du travail de marketing de type direct. Il y avait de la musique à mes oreilles ! Ils ne passent pas toute la journée et la nuit sur leur téléphone ou à parler à de grands groupes.

Comme un introverti, et comme quelqu'un dont l'intention est d'atteindre le sommet dans le monde des affaires sur Internet, qui pourrait faire de la musique à vos oreilles aussi.

EST-CE QUE LES INTROVERTIS PEUVENT RÉUSSIR EN AFFAIRES ?

Les organisations ont tendance à célébrer et à promouvoir des personnalités extraverties, mais par certains calculs, les introvertis constituent la moitié de la population. C'est un énorme potentiel de talent qui sont exclu des rangs de la direction.

Les organisations ont tendance à célébrer et à promouvoir de telles personnalités extraverties, par opposition aux introvertis, qui puisent l'énergie à partir des idées ou des interactions en tête-à-tête. Ces types calmes ne sont souvent pas aussi visibles au sein des entreprises, mais par certains calculs, les introvertis constituent la moitié de la population. C'est un énorme potentiel de talent qui sont exclu des rangs de la direction.

Il est l'équivalent numérique de l'exclusion des femmes et même des myopes. Il y a un biais dans notre culture contre l'introversion. Pour utiliser la langue de Betty Friedan dans The Feminine Mystique, c'est un problème dans notre culture qui n'a pas de nom omniprésent, mais rarement discuté, au moins jusqu'à récemment.

Certes, les introvertis essayent de faire face à des obstacles en affaire. Dans le cadre de leurs processus d'embauche, certaines entreprises donnent des tests de personnalité qui semblent conçus pour éliminer les introvertis.

Si vous survivez, vous découvrirez bientôt que la plupart de nos lieux de travail sont mis en place pour la stimulation maximale.

Les entreprises ont une croyance excessive dans le pouvoir de réunions et de remue-méninges et ils ont tendance à promouvoir des personnes qui se rendent visibles, souvent en parlant d'abord (si elles ont quelque chose de significatif à contribuer ou non). En conséquence, « la plupart d'entre nous, à un jeune âge, apprennent à être beaucoup plus extravertis que nous ne le sommes réellement.

Mais cela ne tient pas compte que les introvertis ont plusieurs points forts qui sont utiles dans les affaires.

Pour commencer, être trop souvent à l'intérieur de sa propre tête n'est pas une mauvaise chose. Nous puisons notre énergie à partir de ce que les gens appellent notre monde intérieur.

Deuxièmement, alors que les introvertis ne passent pas beaucoup de temps à parler, ils le passent beaucoup de temps à écouter, ça n'est pas une mauvaise compétence pour la gestion des interactions clients.

Heureusement pour les introvertis et les organisations qui souhaitent exploiter leur talent, la technologie rend plus facile d'être visible sans crier. Ce que la technologie fait vraiment est qu'elle nous permet de communiquer avec d'autres personnes en moins de manières stimulantes.

Envoyer des introductions est infiniment plus facile pour les introvertis que de décrocher le téléphone, et avec Internet, vous pouvez vous connecter avec des centaines, des milliers ou des millions de personnes sans jamais quitter la maison. Un livre blanc est facilement partagé et débattu sans avoir à voler quelque part pour faire une présentation.

Et même repenser les réunions peut aider. Assurez-vous de donner aux gens les moyens de la contribution sans pour autant sauter dans la mêlée. « Quelque chose d'aussi simple que de distribuer un ordre du jour d'une réunion à l'avance donnera aux introvertis le temps d'y réfléchir. Et puisque les introvertis sont souvent alimentés par la pensée, ils auront probablement de grandes idées pour contribuer si vous prenez la peine de les écouter.

COMMENT ÊTRE INTROVERTI ET RÉUSSIR EN ENTREPRISE

Je suis un introverti. Mais vous dites : « Vous êtes dans PR. Comment cela peut-il être possible ? » J'ai dirigé avec succès ma carrière comme un introverti, mais récemment, j'ai réalisé que d'être un introverti comme un entrepreneur a ses défis constants.

J'ai toujours été un introverti, et l'un des plus grands problèmes que j'ai eus à surmonter est la façon de continuer mon chemin en étant dans un rôle extraverti sans être submergé par elle.

Le moment où tout a changé

Comme un introverti ayant une attention concentrée sur vous est particulièrement difficile, et en 2010 j'ai décidé de modifier un thème dans ma vie qui me retenait.

Il y a eu d'innombrables situations tout au long de ma vie où je me suis enfui de parce que je devais me mettre au grand jour, être à la tête de l'école, des promotions professionnelles, à des conférences... tellement, que c'était un thème récurrent dans ma vie. Et il était temps de changer.

Il y avait un silence absolu que le public attendait. Je regardais à la foule, prit une grande respiration et je commençais à parler.

Et savez-vous ce qui est arrivé ? J'ai réalisé que je méritais d'être sous les projecteurs. Je voulais que les gens m'entendent parler. Je voulais une voix qui portait à travers la pièce, dans les cœurs et dans les esprits de l'auditoire.

Savez-vous pourquoi, parce que j'avais quelque chose à dire ? J'ai eu tellement de choses à dire.

Ce que j'avais à dire pourrait changer leurs entreprises, pourrait les aider à obtenir plus de clients, établir des relations avec des gens intéressants, les aider à construire leurs profils. Ce que je pouvais leur dire pourrait faire beaucoup de choses merveilleuses pour beaucoup de gens.

Ce fut le début de mon voyage de réaliser qu'être dans la lumière du jour n'était pas pour moi, il est sur vous le public.

Tourner la mise au point

Je suis encore un introverti. Cela n'a pas changé. Cependant, j'ai appris à être à la lumière du jour comme un expert reconnu est beaucoup plus grand que d'être simplement dans le feu des projecteurs.

Je sais maintenant que plus nous partageons nos idées, nos opinions et notre expertise, plus nous faisons du monde un meilleur endroit.

Je me défie encore trop. Je trouve la télévision en direct effrayante ! Quand je fais de la télévision en direct, je pense aux les gens qui regardent. Je pense que sur la façon que mon expertise et ma connaissance sont réelles. Il a gagné. Et il doit être partagé parce que j'ai quelque chose à dire.

Disjoncteur

L'introverti classique obtient l'énergie pas avec d'autres personnes, mais en étant seul. Il y a des semaines où mon énergie sera zappée par des centaines de personnes. J'adore l'adrénaline et le partage, mais je sais que je dois aller asseoir sur mon rocher.

Je vis près de l'océan, et j'ai un rocher qui me relit à la nature et juste distille mon énergie. Il est le disjoncteur parfait.

Écouter, ne pas parler

J'ai construit mon entreprise grâce à des relations. Comme un introverti, nous sommes des networkers fantastiques et des constructeurs de relation.

Les introvertis sont bons à amener les gens à parler (de sorte que nous n'avons pas besoin de parler). Cette compétence est également très efficace dans les situations de vente. Écouter vous permet d'obtenir beaucoup plus de ventes que de parler.

Ignorer les notifications rouges

Les introvertis sont des gens paisibles dans un monde bruyant, et vous ne pouvez pas obtenir beaucoup plus bruyant que les médias sociaux. Les médias sociaux sont mon gagne-pain et j'aime ça.

Mais comme le petit signe de notification rouge apparaît sur Facebook, cela signifie que je suis en train zappé. Il est utile de désactiver les médias sociaux parfois, ou au moins reconnaître comment cela impacte sur notre énergie et notre sens de soi.

Prendre le temps de méditer

La médiation est tout un sujet d'introversion. La pratique est d'être dans l'instant et en se concentrant sur une seule chose. C'est sur la suppression de la distraction et permettant aux pensées d'aller et venir, mais de ne pas penser du tout.

COMMENT RÉUSSIR DANS LES AFFAIRES SI VOUS ÊTES UN INTROVERTI

Est-ce que l'idée d'un petit entretien de vous faire grincer des dents ? Est-ce que l'idée de faire un appel à froid vous comble d'horreur ? Beaucoup (mais pas tous) des introvertis trouvent l'idée d'avoir à eux-mêmes ou leurs idées d'affaires sont redoutables à vendre, tandis que la sensibilisation de se connecter avec d'autres à des fins commerciales peut sembler carrément effrayante plutôt que comme une opportunité.

Cela ne signifie pas que les introvertis ne peuvent pas réussir en affaires en effet; de nombreux PDG ayant réussi grâce aux ventes sont introvertis. La clé du succès n'est pas toujours d'être en mesure d'être la personne la plus extravertie, beaucoup d'extravertis ont tendance à croire que les discours et le bluff sont bons, quand il peut effectivement porter sur les clients et effrayer les clients.

Ne vous battez pas contre votre nature. Vous forçant constamment à vous mêler, à bavarder et à faire des appels à froid aura son péage. Faire les choses que vous détestez sur une base régulière est une recette infaillible pour un épuisement professionnel. Tout ce que le stress peut prendre des années de votre vie ! N'essayez pas d'être quelqu'un que vous n'êtes pas. Au lieu de cela, essayez de développer le modèle d'affaires qui correspond au vrai vous; apprenez à être à l'aise avec qui vous êtes vraiment. Et le plus important, croyez que vous êtes aussi capable que toute autre personne à réussir en affaires. Pour un introverti, la croyance est tout, parce que vous ne voulez pas présenter un front malhonnête ou embelli, et si vous croyez que vous pouvez le faire, vous êtes déjà sur la bonne voie.

- Bien que chaque personne est individuelle et les expressions de l'introversion varient à la fois dans le type et l'intensité, les traits communs de l'introverti comprennent une tendance à réfléchir avant de parler ou d'agir (parfois considéré comme lent à agir), en mesure de faire un bon contact visuel lors de l'écoute, moins quand on parle, plus doux quand on parle et peut apparaître comme hésitant ou cherchant ses mots, ayant besoin de solitude fréquente pour réfléchir comme trop de socialisation peut drainer leur énergie, à se sentir plus fort quand dans une situation un à un que les situations de groupe et ont tendance à préférer quelques confidents proches/amis plutôt que de se lier d'amitié avec tout le monde.

Concentrez-vous sur vos points forts.

Parfois, il y a une tendance à penser que les qualités des introvertis sont inappropriées pour mener à bien les affaires et les traiter. Les détracteurs pourraient suggérer que d'être calme, lent à se vendre et ne voulant pas faire la fête ne sont pas utile pour les bonnes affaires et convaincre les clients d'étanchéité. Ceci est à courte vue et sape les aspects d'être un introverti qui peuvent réellement faire une différence énorme pour les entreprises. Par exemple, être bon dans les discussions un à un est un avantage certain pour convaincre les clients individuels et d'autres parce qu'ils sont faits pour se sentir spéciaux, totalement concentrés et traités comme un égal. Cela ne peut pas toujours être dit pour une approche plus énergique à la vente qui ne laisse pas et tend à maintenir les clients alors que certains clients (peut-être eux-mêmes introvertis) peuvent être repoussés par une discussion sans fin sur les avantages et les merveilles d'un produit ou d'un service qui permet à peine de penser ou de placer un mot. Il est donc important d'identifier vos points forts et être capable de les appliquer à vos tactiques commerciales prévues. Voici les avantages pour votre type de personnalité dans les affaires :

- Vous semblez calme et constant plutôt qu'hyper et d'évangéliste dans la poursuite de la vente, le but, le travail d'équipe, etc. Dans votre visage, la vente arrogante et surexcitée est maintenant une chose du passé, car les consommateurs sont devenus beaucoup plus avertis et ont des attentes plus élevées de la confiance et des relations mutuelles qu'ils peuvent compter sur les choses ne devraient pas aller selon le plan.
- Vous êtes moins susceptibles d'approcher un accord qui peut se produire maintenant, donnant aux clients ou à vos collègues le temps pour examiner et réfléchir à ce qu'ils aimeraient. Il pourrait vous surprendre, mais moins de pression peut souvent amener un client à accepter la place de ne pas passer par un accord avec, précisément parce qu'ils ont eu du temps pour réfléchir.

- Vous êtes susceptible d'inspirer vraiment confiance, d'un commun accord et d'un sentiment de respect grâce à vos capacités d'écoute et votre désir de veiller à ce que le client, le partenaire ou d'autres personnes de l'entreprise concernée soient sur la même longueur d'onde que vous et vous témoignera du respect en retour.
- Vous êtes moins susceptible de ressentir le besoin de sonner à droite ou à gauche tout le temps ou de mettre des mots/pensées dans la bouche ou l'esprit de l'autre personne. Ceci est parce que vous comprenez et respectez le besoin d'espace et de temps pour réfléchir. En effet, vous êtes susceptible d'être très bon à ramasser des indices de langage du corps montrant une personne de l'arrêt ou de vitrage qu'un extraverti le peut (ou le veut), et ajuster votre approche en conséquence.
- Vous respectez les questions qui vous sont posées. Alors que les extravertis

peuvent être brillants à expliquer les choses et en insistant sur les avantages, ils peuvent aussi surestimer et créent un faux sentiment de sécurité sur un accord, il est vraiment, sur excès d'enthousiasme et un désir de garder les choses très positives tout le temps. Un introverti est plus susceptible d'écouter, d'analyser les préoccupations de l'autre personne et de chercher des moyens de résoudre les problèmes soulevés par les questions de la clientèle plutôt que de les écarter de platitudes.

- Vous, bien plus qu'un extraverti, allez vous connecter avec le client introverti. Cela signifie que vous écoutez attentivement, reconnaissez les préoccupations, donner de l'espace et être prête à laisser la personne à pied. Un client introverti est beaucoup plus susceptible de revenir, même des mois plus tard, parce qu'ils se souviendront de votre considération pour leurs sentiments, leurs besoins et intérêts et le fait que vous ne les avez pas brosser.

Trouver la bonne entreprise.

Sauter d'une occasion d'affaires à une autre et cesser tout ce que vous commencez à faire vous dit quelque chose ? Les gens tombent dans ce piège parce qu'ils sont enthousiasmés par le potentiel de profit, mais ne parviennent pas à faire le travail nécessaire. Lors de l'évaluation d'entreprises potentielles, demandez-vous : « Vais-je vraiment être en mesure de faire le travail impliqué dans l'entreprise ? » En d'autres termes, choisir une entreprise dans laquelle vous croyez, passionnément. Peu importe la motivation pour votre croyance, elle doit être là, de sorte que vous pouvez vous lancer cœur et âme, avec une conviction totale. De cette façon, vous restez totalement honnête et n'avez pas à vous soucier d'embellir les affaires « vertueuses » et les avantages parce que vous les avez déjà totalement vendus. Pour un introverti, ce sens de la conviction personnel est essentiel à la réussite dans les affaires et ne doit pas être négligé. Cela ne signifie pas que vous avez de l'amour ou même comme tous les aspects de votre entreprise (voir l'étape suivante pour obtenir de la bonne aide), mais cela ne signifie que la raison sous-jacente pour aller dans cette entreprise est ce qui vous pousse et a un sens pour vous.

- Poursuivant les occasions d'affaires que vous aimez montrera dans votre capacité à communiquer avec les autres. Un introverti qui fait ce en quoi il croit et est entraîné par sa passion tend à être heureux de parler à ce sujet. En fait, il peut être difficile d'arrêter un introverti dans cette situation de trop parler ! Cette confiance accrue peut vous aider à vous ouvrir davantage lors de la socialisation et du réseautage.

Ne pas faire cavalier seul.

Personne n'est une île et personne ne peut être un maître ou la maîtresse de tous les métiers. Vous pouvez essayer, mais vous serez usé en peu de temps. Embauchez les bonnes personnes, les meilleures personnes, pour faire ces aspects de l'entreprise qui ne sont tout simplement pas pour vous. Cela commence par être honnête avec vous sur ce que vous êtes bon et sur ce que vous n'êtes pas bon à faire. Ca n'est pas un jugement que vous affaiblit bien au contraire, car en obtenant une équipe forte pour couvrir ces choses que vous ne souhaitez pas faire ou ne pas faire, vous devenez plus fort et êtes libéré pour vous concentrer sur ce que vous faites de mieux. Personne ne prévoit une personne à être brillant à la comptabilité, le travail juridique, les ventes, le marketing, la publicité, la prestation de services, la conception, l'écriture, l'expression orale, et l'organisation de conférences, et ainsi de suite. Choisissez vos forces et ensuite trouvez votre équipe pour couvrir les autres aspects. Au début d'une entreprise, un bon conseil financier et juridique peut être utile et vaut chaque dollar qu'il vous en coûte.

- Alors que votre tendance comme un introverti peut-être de rechercher jusqu'à ce que mort s'ensuive vous-même, ne laissez pas faire cette accalmie en vous en pensant que vous avez tout couvert. L'expérience pratique est quelque chose qui prend du temps et vous devriez mieux obtenir de l'aide d'autres personnes pour vous aider à apprendre les processus et de mieux comprendre les conséquences que le propriétaire d'une entreprise novice, gestionnaire ou d'un participant fait face.
- Essayez d'obtenir un équilibre même entre extravertis et introvertis dans votre équipe. Trop de gens comme vous et vous serez tous d'accord

avec l'autre jusqu'à l'inertie; trop de gens différents et vous risquez d'avoir beaucoup de conflits.

- Externalisez la vente directe et des appels à froid. Vous pouvez et probablement devriez embaucher d'autres personnes à faire de la vente directe que vous trouverez écrasante. Même si vous êtes sur un budget, vous pouvez toujours obtenir « des commissions seulement » des vendeurs qui sont payés en pourcentage des ventes, ce qui ne signifie pas de coût initial pour vous. Cependant, faire les interrogatoires de ces personnes pour vous afin d'être satisfaits est qui vous voulez dans le cadre de votre équipe. Deuxièmement, revenez à l'étape sur les points forts et soyez sûr que vous n'avez pas négligé ces ventes où vous pourriez être plus efficace, les moments où votre connexion un à un va vraiment faire une différence.

Soyez pragmatique plutôt que raccrochée sur la perfection ou être réel tout le temps.

Le pragmatisme permet à l'introverti d'être un acteur, de répéter avant les événements sociaux, des réunions d'affaires et les ventes et les moments de marketing. Prévenu est préparé, donc l'introverti pragmatique est apte de faire son devoir sur chaque situation sociale à venir, les noms, les sujets susceptibles de discussion d'apprentissage et connaissant le produit ou le service dont ils ont besoin d'être à la hauteur de la vente/la promotion/d'inspirer les autres. Vous ne devez pas vous cesser de croire en ce que vous faites, mais le pragmatisme exige une certaine suspension des préoccupations que vous faites quelque chose qui ne soit pas aussi fidèle à vous-même que vous le souhaitez. Tout le monde doit entrer dans des personas professionnellement et ça n'est pas sur le mensonge – c'est à propos de mettre en avant le meilleur de soi pour cette occasion, rendre les autres à l'aise et de laisser briller votre entreprise plutôt que de paraître terne. Cela exige des efforts, mais faire la plupart des choses lors de l'exécution d'une entreprise. Un introverti pragmatique fera au moins les suivantes :

Étudier le contexte, les motivations et les intérêts des clients, des concurrents et pairs. Ne jamais être pris au dépourvu; les devoirs faits seront remboursés et décuplés.

- Étude avant les grands événements, les réunions d'affaires, des conférences, et toutes autres occasions afin que vous sachiez qui assiste, d'où ils viennent et ce qu'ils sont susceptibles de vouloir de vous. Quelqu'un qui travaille dans les affaires ne devrait jamais aller à ce genre de rendez-vous à l'aveugle, d'autant plus quand vous essayez de protéger votre nature introvertie d'être débordés.

- Le réseau. Bien que cette pensée puisse provoquer un séisme chez l'introverti, le réseautage est vraiment de faire les bons contacts et de rester en contact avec eux. Et vous pouvez faire cet un à un, même en dehors des événements de réseautage réels et vous pouvez rester en contact par e-mail. Vraiment, c'est aussi simple que cela, mais c'est important !
- Éviter les conflits. Vous en avez probablement déjà eu, mais comment éviter cela importe. Vous pouvez éviter les conflits et toujours obtenir votre passion à travers par l'une de plusieurs méthodes. Une façon est de simplement être patient et d'écouter tout le monde, puis de prendre la parole, le dessin dans tout ce que vous avez entendu à l'avance et à chercher des compromis qui fonctionnent pour tous. Une autre façon est de se

soustraire à ce conflit; cela signifie tout simplement la surveillance constante des risques à travers l'écoute, en regardant et en notant des changements subtils de comportement et des mœurs et soit en changeant de tact si vous êtes en charge ou de retirer vous-même si elle est une question de groupe sur le point d'exploser.

Tournez situations difficiles dans une question de tact, de diplomatie et de mœurs au lieu d'une bataille du bien contre le mal ou l'honnêteté par rapport à la malhonnêteté.

Les introvertis ont tendance à avoir un sens aigu de la justice et un fort désir d'être honnêtes, parfois au point d'être émoussés et trop réels. De toute évidence, être trop franc peut être simplement grossier à certains moments et être peu diplomate peut détruire votre réputation et peut-être aussi celui de votre entreprise. Si vous sentez que vos principes sont en cause ou que les gens tournent autour du pot au lieu de se rendre au point, recherchez le terrain éthique plus élevé recourez aux bonnes manières et soyez diplomatique, avec la pratique, vous pouvez être avec tact direct et les gens auront toujours respecté le fait que vous n'êtes pas compromettant.

Plan intelligent.

Il y a des façons de passer une journée entière ou de la nuit autour des gens, même dans un contexte d'affaires. En tant que professionnel, il ne fait pas mal de laisser les gens savoir que votre temps est précieux et que vous pouvez faire des événements sociaux pour une courte période, mais que vous avez « d'autres engagements pressants » (même si elle c'est juste l'alimentation de votre chat). Et même lorsque vous ne pouvez pas sortir, comme aux grandes conférences et autres, planifiez de glisser pour une promenade rafraîchissante pendant une pause ou tout simplement prendre cinq minutes pour retrouver votre calme dans l'air frais à l'extérieur. Dans votre propre environnement de travail, essayez de vous tailler un coin pour vous-même, même si vous ne pouvez pas gérer votre propre bureau. Si vous êtes le propriétaire ou le gérant de l'entreprise, travaillez ailleurs une partie du temps, comme à la maison ou utiliser le temps de trajet pour prendre des notes, etc.

- Lors des conférences et des séminaires, il n'a jamais fait de mal de prendre un thé le matin ou un déjeuner un peu plus tard, lorsque lors d'une conférence (vous éviterez les files d'attente pour le buffet de toute façon), puis se dérober plus tôt que tout le monde, en expliquant que vous devez voir si vos papiers/ses affaires sont en ordre. Aussi, les gens comprennent la nécessité de réseau dans la plupart des occasions d'affaires et cela peut être utilisé comme une excuse pour sortir momentanément ou lorsque

vous commencez à vous sentir dépassés.
- Profitez du temps que vous passez pour assurer la mise en réseau des personnes clés qui ont votre carte de visite avant de les laisser et d'être sûres de les suivre avec un email. En fait, ne faites suivre que peu de gens dont vous serez rappelé et une bonne relation peut être construite à partir d'ici par le biais de courriels et de réseautage en ligne.

Utilisez le réseautage en ligne au maximum.

Internet permet aux gens de trouver les bons contacts d'affaires et sauter les habitudes. Vous pouvez vous mettre en réseau avec les gens par le biais de forums de discussion, des sites de réseaux sociaux comme Twitter et Facebook, ou tout simplement en envoyant un e-mail pour vous présenter. L'utilisation du contact électronique est simple, efficace et non intimidante. Il est également considéré comme la norme à l'époque actuelle, et personne ne songe à mal dans l'utilisation de ces méthodes, c'est maintenant prévu !

Marché sur Internet : même les gens qui détestent vendre peuvent réussir dans le marketing d'Internet. Votre site web fait toute la vente de sorte que vous n'avez rien à faire. Les commandes sont placées sur le site sans votre intervention, et le service à la clientèle se fait via e-mail. L'Internet est vraiment le rêve pour un introverti !

- Si vous êtes très bien avec la conception, les mots et la mise en page, vous pourriez être en mesure de faire beaucoup. Cependant, il ne fait pas de mal de demander de l'aide pour assurer que vous êtes sur la bonne voie